Rainer Haak

Dir neu begegnen

Rainer Haak

Dir neu begegnen

Gebete

kbw bibelwerk

Einladung

Beten, was ist das eigentlich? Geht es darum, mit Gott zu reden? Oder eher darum, auf ihn zu hören? Oder geht es weder um das eine noch um das andere? Geht es einfach nur darum, ihm nahe zu sein, Kraft zu tanken und sich für sein Wirken zu öffnen? Geht es um Fühlen und Spüren, um Abladen und Loslassen?

Vielleicht haben Sie das alles und noch mehr schon erfahren. Vielleicht beten Sie manchmal zu Gott völlig ohne Worte, sprachlos, und fühlen sich doch von ihm verstanden. Vielleicht schreien Sie ihm Ihre Verzweiflung entgegen oder sprudeln über vor Glück. Vielleicht strecken Sie sich nach ihm aus und spüren deutlich, dass er Sie in Ihrer tiefsten Tiefe liebevoll berührt.

In diesem Buch finden Sie Gebete, die Ihnen in guten wie in schlechten Zeiten helfen können, mit Gott im ‹Gespräch› zu bleiben oder den Faden wieder aufzunehmen. Vielleicht werden einige der Texte ‹Ihre› Gebete. Und andere werden Sie vielleicht verändern, weiterführen, neu formulieren und so schließlich auch zu ‹Ihren› Gebeten machen.

Ob Gott Ihre Gebete erhört? Sicher nicht immer so, wie Sie das erhoffen. Vielleicht oft sogar ganz anders! Aber Sie sollen wissen: Um Gottes Nähe und sein Licht müssen Sie ihn nicht bitten, denn mit seinem Licht ist er allezeit bei Ihnen. Um seine Liebe müssen Sie nicht zu ihm flehen, denn die ist Ihnen bereits zugesagt. Oft geht es beim Beten deshalb vor allem darum, dass Sie sich für seine Nähe, für sein Licht und seine Liebe öffnen.

Ich wünsche Ihnen, dass das Gebet – in welcher Form auch immer – ein wichtiger Teil Ihres Lebens wird. Es wird Sie verändern und lebendiger machen, immer wieder neu!

Ihr

Inhalt

Unterwegs ins Leben

Bitte um Segen

Gott, segne mich
mit Glück und Freude,
Liebe und Freundlichkeit,
Humor und Lachen,
Weisheit und Verständnis,
Offenheit und Geradlinigkeit,
Gelassenheit und Zuversicht,
Glauben und Liebe,
damit ich ein Segen für andere bin.

Überall

Für mein Zuhause bin ich dankbar.
Und doch zieht es mich immer wieder hinaus,
zu einem Spaziergang, einem Ausflug,
einer Reise voller Abenteuer,
manchmal sogar in ein anderes Land.

Gott, ich danke dir für alle Reisen,
die ich bisher unternommen habe
und noch unternehmen werde.
Ich danke dir für einsame Seen
und atemberaubende Ausblicke,
für vielfältige Abenteuer,
besonders die vielen Begegnungen
mit interessanten Menschen.
Danke für den Respekt,
den du mich gelehrt hast,
vor deiner großartigen Schöpfung,
vor fremden Kulturen und Sitten
und den Menschen,
die teilweise völlig anders sind als ich.

Danke, dass ich dir überall begegnen kann,
in deiner Natur, in deinen Menschen
oder jetzt im Gebet.

Gott wird mit dir sein

Geh in die Welt
als Bote des Friedens.
Gott wird mit dir sein.

Geh in die Welt
als Tröster und Helfer.
Gott wird mit dir sein.

Geh in die Welt
als Zeichen der Liebe.
Gott wird mit dir sein.

Geh in die Welt
als Freund für die Menschen.
Gott wird mit dir sein.

Geh in die Welt
von Gott gesegnet,
und gesegnet kehrst du
am Ende heim.

Ein erfülltes Herz

Mögest du immer Arbeit haben,
etwas zu tun für deine Hände,
und immer Geld in der Tasche,
soviel du zum Leben brauchst.

Möge das Sonnenlicht
auf dein Fenstersims scheinen
und dein Herz voll Gewissheit sein,
dass jedem Regen
ein Regenbogen folgt.

Der Tag sei dir günstig
und die Nacht dir gnädig.
Die gute Hand eines Freundes
möge dir immer nahe sein,
und Gott möge dir dein Herz erfüllen
und dich mit Freude ermuntern.
Aus Irland

Viel Glück!

Ich wünsche dir viel Glück
auf deinen Wegen.
Doch Glück heißt nicht,
keine Fehler zu machen.
Glück bedeutet,
aus deinen Fehlern zu lernen.
Glück heißt nicht,
keine Probleme zu haben.
Es bedeutet vielmehr,
dich deinen Problemen zu stellen.
Glück heißt nicht,
alles zu bekommen,
was du dir wünschst.
Glücklich bist du,
wenn du von Herzen danken kannst
für das, was du hast.

Gott segne dich

Der Herr sei vor dir,
um dir den rechten Weg zu zeigen.

Der Herr sei neben dir,
um dich in die Arme zu schließen
und dich zu schützen.

Der Herr sei hinter dir,
um dich zu bewahren
vor der Heimtücke böser Menschen.

Der Herr sei unter dir,
um dich aufzufangen,
wenn du fällst.

Der Herr sei in dir,
um dich zu trösten,
wenn du traurig bist.

Der Herr sei über dir,
um dich zu segnen.

So segne dich der gütige Gott.
Altchristliches Segensgebet

Lass mich nicht ausweichen,
wenn mir Menschen
in Not gegenüberstehen.

Lass mich nicht ausweichen,
wenn schwierige
Entscheidungen anstehen.

Lass mich nicht ausweichen,
wenn du, Gott,
mir Aufgaben stellst.

Denn mitten hindurch
führt der Weg zum Leben.

Heute lebe ich

Unterschiedliche Seiten

Guter Gott,
ich danke dir für die vielen
unterschiedlichen Seiten in meinem Leben.
Sie gemeinsam machen dies Leben aus,
sie ergänzen und korrigieren sich.
Ich danke dir, dass ich an mir
Stärken und Schwächen entdecken kann,
Vertrauen und Zweifel, dass ich Schuld erkenne
und vor allem Liebe spüre.

Ich danke dir für Verstand und Gefühl,
für Wissen und Ahnen und Glauben,
für Fähigkeiten und Defizite.
Ich danke dir für Höhen und Tiefen,
für Freude und Trauer,
für Sommer und Winter in meinem Leben.

Ich danke dir für Arbeit und Freizeit,
Anspannung und Erholung,
Geben und Nehmen.
Ich danke dir für Trubel und Stille,
für Alleinsein und Gemeinschaft
und dafür, dass du mir in meinem Leben
auf so unterschiedliche Weise begegnest.

Gott lässt mich nicht allein

Gott lässt mich nicht allein,
ich darf auf ihn hoffen.

Gott lässt mich nicht allein,
ich darf zu ihm beten.

Gott lässt mich nicht allein,
ich darf ihm vertrauen.

Gott lässt mich nicht allein,
ich darf mit ihm leben.

Gott lässt mich nicht allein.
Ich darf mit seinem Segen rechnen
und ihn anderen zusprechen.

Nur für heute

Nur für heute
werde ich mich bemühen,
den Tag zu erleben,
ohne das Problem meines Lebens
auf einmal lösen zu wollen.

Nur für heute
werde ich in der Gewissheit
glücklich sein,
dass ich für das Glück
geschaffen bin.

Nur für heute
werde ich nicht danach streben,
die anderen zu verbessern –
nur mich selbst.

Nur für heute
werde ich glauben –
selbst wenn die Umstände
das Gegenteil zeigen sollten –,
dass Gott für mich da ist,
als gäbe es sonst
niemanden in der Welt.

Ich will mich nicht entmutigen lassen
durch den Gedanken,
ich müsste dies alles
mein ganzes Leben lang durchhalten.
Heute ist es mir gegeben,
das Gute während zwölf Stunden zu wirken.

Papst Johannes XXIII.

Nicht selbstverständlich

Ich bin gesund.
Das ist nicht selbstverständlich.
Gott, ich danke dir für meine Gesundheit.

Ich bin reich, verglichen mit vielen anderen,
kann mich satt essen und in Urlaub fahren.
Das ist nicht selbstverständlich.
Gott, ich danke dir für meinen Reichtum.

Ich habe vieles gelernt,
verfüge über großes Wissen
und viele Informationen.
Das ist nicht selbstverständlich.
Gott, ich danke dir für mein Wissen.

Ich habe Fähigkeiten,
die ich weiterentwickeln konnte.
Das ist nicht selbstverständlich.
Gott, ich danke dir für meine Fähigkeiten.

Gott, ich vertraue dir.
Du schenkst mir einen fröhlichen Glauben.
Das ist nicht selbstverständlich.
Gott, ich danke dir für meinen Glauben.

Bitte zeig mir, wie ich meine Gesundheit,
meinen Reichtum, mein Wissen,
meine Fähigkeiten und meinen Glauben
sinnvoll einsetzen kann.

Nicht zu viel

Gott gebe mir stets genug zu essen,
dass ich nicht hungern muss,
aber nur so viel,
dass ich nicht satt und träge werde.
Er mache mein Herz weit,
dass ich gern teile.

Gott schenke mir Wohlstand,
aber nur so viel,
dass ich nicht ständig
in der Angst vor Räubern lebe,
dass ich meine Sicherheit
nicht aus meinem Besitz nehme,
sondern aus dem Vertrauen zu Gott.

Gott schenke mir
Talente, Fähigkeiten und Erfolge,
aber nur so viel,
dass ich nicht überheblich werde
und vom Erfolg abhängig,
sondern meine Gaben einsetze,
um diese Welt etwas schöner
und lebenswerter zu gestalten.

Der Weg des Friedens

Herr, unser Gott
und Gott unserer Väter,
möge es dein Wille sein,
uns in Frieden zu leiten,
unsere Schritte
auf den Weg des Friedens zu richten
und uns wohlbehalten
zum Ziel unserer Reise zu führen.

Behüte uns vor aller Gefahr,
die uns auf dem Weg bedroht.
Bewahre uns vor Unfall
und vor Unglück,
das über die Welt Unruhe bringt.

Segne die Arbeit unserer Hände.
Lass uns Gnade und Barmherzigkeit
vor deinen Augen finden;
Verständnis und Freundlichkeit
bei allen, die uns begegnen.

Höre auf die Stimme unseres Gebetes.
Gepriesen seist du, o Gott,
der du unser Gebet erhörst.
Altes jüdisches Reisegebet

Herr,
gib mir die Kraft,
alles zu tun,
was du von mir verlangst,
und dann verlange von mir,
was immer du willst.
Augustinus

Die Zeit nutzen

Am frühen Morgen

Mein himmlischer Vater,
jetzt am frühen Morgen möchte ich
diesen Tag als Geschenk
aus deiner Hand nehmen.

Gott, ich stehe im Badezimmer
und schaue mich im Spiegel an.
Danke, dass du mir ein Lächeln schenkst.
Danke, dass ich mich vor dir
nicht zurechtmachen oder verstellen muss.
Danke, dass du mich in jedem Augenblick
gerade so liebst, wie ich bin.

Gott, ich schaue auf den Plan für diesen Tag.
Manches könnte mich heute überfordern.
Aber es ist gut zu wissen,
dass du mich durch den Tag begleitest.

Bitte gib mir genügend Kraft
und Liebe für diesen Tag.

Ein neuer Tag

Ein neuer Tag liegt vor mir.
Hab Dank, himmlischer Vater,
für die Stunden der Ruhe
in der vergangenen Nacht!
Wie du mein Leben geschaffen hast,
so hast du auch diesen Tag gemacht.
Bitte segne die Menschen, die ich liebe.
Sei ihnen und mir nahe.
Zeig uns gute Möglichkeiten,
die dieser Tag bietet.
Lass uns aus deiner Liebe leben
und selbst Boten dieser Liebe sein.

Ich bitte dich für alle,
denen ich heute begegne,
am Arbeitsplatz und in der Bahn,
im Kaufhaus und in der Schule.
Hilf, dass wir uns gegenseitig
als Menschen sehen,
nicht als Nummern oder Gegner,
und so miteinander umgehen,
wie du es uns in Jesus gezeigt hast.

Ein neuer Tag liegt vor mir.
Wenn du dabei bist,
wird es bestimmt ein guter Tag.

Segen des Anfangs

Du Gott der Anfänge,
segne uns,
wenn wir deinen Ruf hören,
wenn deine Stimme lockt
zu Aufbruch und Neubeginn.

Du Gott der Anfänge,
lass dein Angesicht leuchten über uns,
wenn wir in Vertrauen und Zuversicht
einen neuen Schritt wagen
auf dem Weg des Glaubens.

Du Gott der Anfänge,
schenke uns Frieden,
wenn der eigene Weg aufwärts führt,
wenn wir Lebe-Wohl sagen.
Lass die Blumen blühen für jeden von uns,
lass Wind uns den Rücken stärken
und die Sonne warm auf das Gesicht scheinen,
wo immer wir gehen.

Du Gott der Anfänge,
schenke uns ein gutes Leben!
Aus Irland

Eine kurze Pause

Dies ist ein anstrengender Tag.
Ich habe viel zu tun und zu erledigen.
Ich komme kaum zum Luftholen.
Ich spüre den Druck der Verantwortung.

Jetzt freue ich mich über eine Pause.
Um mich herrscht für kurze Zeit Ruhe.
Aber in mir ist noch keine Ruhe eingekehrt,
in mir arbeitet es weiter.

Gott, ich brauche dich nicht zu rufen,
du bist mir schon ganz nah.
Ich danke dir, dass ich Arbeit habe,
dass ich eine Aufgabe erfüllen kann.
Schenk mir das richtige Maß,
dass ich nicht
unter der Arbeit zerbreche
oder mich von ihr tyrannisieren lasse.
Schenk mir Kraft und Ausgeglichenheit,
das zu tun, was nötig ist.

Gott, danke, dass ich zu dir kommen darf
und bei dir Frieden finde.
Bitte begleite mich
und alle, mit denen ich zu tun habe,
durch diesen Arbeitstag.

Am Ende des Tages

Der Tag nähert sich seinem Ende.
Ich blicke zurück.
Heute war ich fröhlich und nachdenklich,
ich war zufrieden mit mir und unzufrieden.
Ich habe wichtige Aufgaben erledigt,
manches blieb liegen.
Gott, heute Morgen nahm ich diesen Tag
aus deiner Hand.
Nun bringe ich ihn dir zurück.
Bei dir ist er gut aufgehoben
mit seinen Freuden und Tränen,
mit guten und schlechten Erinnerungen,
mit Liebe und Versagen.
Ich lege alles in deine Hände,
auch alle Sorgen und Probleme.
Schenk mir einen unbeschwerten Schlaf,
damit ich mich morgen wieder
frisch ans Werk machen kann.

Der Tag nähert sich seinem Ende.
Wieder ist ein Tag Vergangenheit.
Lass mich an jedem Abend
mein Leben vertrauensvoll
in deine Hände legen.

Danke für diesen Tag

Das war ein schöner Tag.
Gott ich danke dir.

Danke, dass du mir heute
offene Augen geschenkt hast,
um die Schönheit des Tages zu sehen,
die Schönheit der Welt,
der Pflanzen und Tiere
und besonders deiner Menschen.

Danke, dass du mir heute
ein offenes Herz geschenkt hast,
um auch die Nöte und Lasten zu sehen,
eine leidende Umwelt
und verletzte, enttäuschte Menschen.

Ich danke dir für diesen Tag,
für alle Gaben und Aufgaben,
für Freude und Traurigkeit.
Schenk mir morgen Kraft für den neuen Tag.
Lass mich Verantwortung
für deine Schöpfung übernehmen
und die Augen weder vor den schönen
noch vor den dunklen Seiten verschließen.

Am Ende eines Jahres

Am Ende eines Jahres
gehen meine Gedanken zurück.
Was habe ich getan?
Was habe ich versäumt?
Und wieder ist ein Jahr vergangen.

Am Ende eines Jahres
gehen meine Gedanken in die Zukunft.
Was wird mich erwarten?
Wie viel Zeit habe ich noch?
Was bringt das neue Jahr?

Am Ende eines Jahres
suche ich Zuflucht bei dir.
Du, Gott, gibst meinem Leben
eine Zukunft.
Anno Domini, im Jahre des Herrn.

Das neue Jahr

Gott segne das neue Jahr für dich.
Er segne deinen Winter
und deinen Frühling,
deinen Sommer
und deinen Herbst.
Er segne deine Pläne
und lasse gelingen,
was gut ist für dich und andere.
Er segne deine guten Vorsätze
und helfe dir,
sie in die Tat umzusetzen.
Er schenke dir genügend Arbeit
und Zeit zur Muße und zum Ausruhen.
Er schenke dir Menschen,
die dir zur Seite stehen,
wenn die Tage schwer werden,
und die sich mit dir freuen,
wenn du glücklich bist.

Gott segne dieses neue Jahr für dich
und lasse dich zu einem Segen werden.

Mein Terminkalender

Mein Terminkalender ist voll,
manchmal sogar übervoll.
Oft weiß ich nicht, wo mir der Kopf steht.
Ein zusätzlicher Termin
bringt meine Planung ins Wanken.
Ein unerwarteter Besuch
treibt mir den Schweiß auf die Stirn.
Ich habe die Zeit nicht mehr im Griff,
sie hat mich im Griff, im Würgegriff.

Gott, du bist der Herr der Zeit,
auch meiner Zeit.
Ich will sorgsam mit dieser Zeit umgehen.
Ich will mich nicht von ihr jagen lassen.
Schenk mir eine neue Einstellung
und einen neuen Umgang mit der Zeit.
Lass mich Zeiten frei halten
zum Luftholen, zum Gespräch mit dir,
für meine Familie,
für Unerwartetes.
Hilf, dass ich nicht gelebt werde,
sondern lebe!

Ein Augenblick

Wieder ein Tag,
wieder eine Stunde,
wieder ein Augenblick –
Gott, aus deiner guten Hand.

Wieder ein Tag,
an dem dein Licht
die Dunkelheit vertreibt.
Gott, was für ein Geschenk!

Wieder eine Stunde,
um zur Ruhe zu kommen
und offen zu sein,
Gott, für deine lebendige Gegenwart.

Wieder ein Augenblick,
kostbar und einzigartig,
glücklich und lebendig,
weil du, Gott, meine Seele berührst.

Lehre uns, Herr, unser Gott,
dass wir dich in rechter Weise
um das Richtige bitten.
Basilius der Große

Auf der Suche nach Gott

Ich kann es nicht

Herr,
ich will beten,
aber ich kann es nicht.
Ich will glauben,
aber ich kann es nicht.
Ich will lieben,
aber ich kann es nicht.
Ich will mich freuen,
aber ich kann es nicht.
Ich will dir vertrauen,
aber ich kann es nicht.
Ich will hoffen,
aber ich kann es nicht.

Herr,
manchmal möchte ich
vor dir weglaufen,
aber du lässt mich nicht los.
Ich möchte zu dir beten,
aber mir fehlen die Worte.
Schenk du mir Worte.
Oder gib,
dass auch mein Schweigen
ein Gebet ist.

Ich möchte mit dir reden

Höre mich doch!
Ich suche dich,
denn du hast mir gesagt:
Wenn du ratlos bist und Hilfe brauchst,
dann komm ich zu dir!
Ich suche dich, denn ich bin traurig.
Lass mich nicht allein.

Lass mich nicht in die Irre laufen.
Du kannst mit mir nicht zufrieden sein.
Du hast mir so oft geholfen,
lass mich auch heute nicht im Stich.
Nimm du mein Leben in deine Hand,
zeig mir den Weg,
verlass mich nicht.
Nach Psalm 27

Wo bist du, Gott?

Ich würde dich so gern einmal sehen.
Ich würde gern deine Stimme hören
und schwarz auf weiß erfahren,
was du von mir erwartest.
Ich bete zu dir,
ich vertraue und hoffe
und schreie und zweifle.
Ich bedränge dich mit meinen Fragen
und warte auf eine Antwort.

Wo bist du, Gott?
Ich danke dir, dass du in Jesus
Mensch geworden bist,
ein Mensch, der wie ich
Vertrauen und Verzweiflung kannte.
Ich bete, dass seine Worte und Taten mir helfen,
dich kennenzulernen
und deinen Willen zu erfahren.
Ich bete, dass ich dir begegne in ihm.

Wo bist du, Gott?
Ich danke dir, dass du mir
in deinem Heiligen Geist nahe bist.
Ich danke dir, dass er meine Liebe zu dir
weckt und wachsen lässt.
Gott, ich bin bereit.

Zeit für Gott

Ich möchte regelmäßig Zeit finden
für dich, guter Gott!
Ich möchte mir die Zeit nehmen
für dein Wort,
um dich besser kennenzulernen.
Ich möchte deine Nähe spüren
und die Stille
in deinem Angesicht aushalten,
bis ich mit meinem Herzen höre,
was du mir sagen willst.
Ich bin sicher,
dass deine Nähe mich verändert
und frei macht für das wirkliche Leben.
Gott, du bist das Leben,
lass es mich in deiner Nähe einatmen.

Ich möchte regelmäßig Zeit finden
für dich, himmlischer Vater!
Lass es bitte nicht
bei einem guten Vorsatz bleiben!

Zu dir beten

Ich möchte zu dir beten, Gott.
Aber mir fehlen die Worte.
Ich bin ausgebrannt und leer.

Ich möchte zu dir beten, Gott.
Mir ist, als hätte ich mich weit entfernt
von dir und deiner Liebe.
Und doch weiß ich,
dass du mir stets nahe bist.

Ich möchte zu dir beten, Gott.
Aber mein Vertrauen ist so klein,
und meine Zweifel drücken mich nieder.

Ich möchte zu dir beten,
weil ich nach dem Leben suche,
das du allein ermöglichen kannst.

Ich möchte zu dir beten, Gott.

In deine Hände

Ich lege alles in deine Hände,
mein Heute und mein Morgen,
mein Lieben,
meine Tränen,
meine Fehler und meine guten Träume.
Bei dir ist alles gut aufgehoben.

Bittet, so wird euch gegeben,
suchet, so werdet ihr finden,
klopfet an, so wird euch aufgetan.
Denn wer da bittet, der empfängt,
wer da sucht, der findet
und wer anklopft, dem wird aufgetan.
Matthäusevangelium 7,7–8

Wo Hoffnung ist

Leben

Ich lebe.
Aber kann ich das «Leben» nennen?
Ich lebe ohne Freude,
ohne Mut und Hoffnung.

Ich lebe
seit vielen Jahren.
Du, Gott, hast mir einmal
mein Leben geschenkt.

Ich lebe,
und wenn ich zurückdenke,
erinnere ich mich
auch an andere, fröhliche Zeiten,
an Glück und Zuversicht.

Ich lebe.
Du, Gott, hast mir einmal
mein Leben geschenkt.
So schenk es mir noch einmal,
das Leben, wie du es gemeint hast!

Umgang mit Schwierigkeiten

Gott, ich habe gelernt,
kein Mensch kann wachsen und reifen
ohne Probleme und Niederlagen,
ohne Enttäuschungen und Verletzungen,
ohne Kritik zu erfahren
und Selbstzweifel zu empfinden.
So will ich heute nicht darum beten,
dass ich von allen Schwierigkeiten
verschont werde.
Ich will beten,
dass ich mit ihnen richtig umgehe
und aus ihnen lerne.

Leben aus erster Hand

Lebendiger Gott,
ich suche das wahre Leben.
Ich brauche aufrichtige Liebe.
Ich freue mich über echte Blumen.

Ich lebe viel zu oft aus zweiter Hand.
Mir begegnet vorgetäuschte Liebe,
und oft ist meine Freundlichkeit nur gespielt.

Gott, du bist die Liebe,
du bist das Leben,
echt und unverfälscht,
du schenkst mir klares Wasser ein,
du nimmst meine Sehnsucht
nach dem Echten ernst.
Danke, dass du der lebendige Gott bist,
damals und heute und alle Tage.

Ein neuer Anfang

Menschen glauben,
am Ende zu sein.
Menschen haben das Vertrauen
in sich selbst aufgegeben.
Menschen sind zerbrochen,
verzweifelt, ohne Hoffnung.
Menschen haben ihren Glauben
an dich, Gott, verloren.

Ich danke dir, Gott im Himmel,
dass du keine hoffnungslosen Fälle kennst.
Ich danke dir,
dass du uns niemals aufgibst.
Ich danke dir,
dass es für einen neuen Anfang
niemals zu spät ist.
Ich danke dir,
dass du nicht aufhörst
uns zu rufen.
Ich danke dir,
dass du in heillosen Zuständen
und für heillose Menschen
dein Heil bereithältst.

Nicht immer mehr

Nicht immer mehr wollen,
nicht immer mehr kämpfen,
nicht immer mehr haben,
nicht immer mehr schaffen,
nicht immer noch eins obendrauf.

Gott,
bei dir möchte ich abladen.
Bei dir möchte ich zur Ruhe kommen.
Bei dir möchte ich an Leichtigkeit gewinnen.
Bei dir möchte ich leben lernen.

Es geht ja weiter

Wie gut, dass Hoffnung nicht zu kaufen ist
oder an den Meistbietenden versteigert wird!
Wie gut, dass Hoffnung nicht studiert werden kann,
um dann allen erfolgreichen Absolventen
verliehen zu werden!
Hoffnung ist nicht abhängig
von Reichtum oder Ansehen,
Begabungen oder Beziehungen.

Hoffnung ist ein Geschenk.
Sie kommt wie der junge Morgen
nach einer langen Nacht.
Sie kommt wie das erste Lächeln
nach tiefer Traurigkeit.
Sie kommt mit einem Händedruck
oder in einem gar nicht mehr erwarteten Brief.
Sie kommt nach langem Warten und Suchen
oder bei einem einfachen Gebet.
Sie kommt dann,
wenn du die Augen wieder aufschlägst
und erstaunt feststellst:
«Es geht ja weiter!»

Als der Herr das Los
der Gefangenschaft Zions wendete,
da waren wir alle wie Träumende.
Da war unser Mund voll Lachen
und unsere Zunge voll Jubel.

Psalm 126,1–2

Der Gott des Lebens

Eine wichtige Veränderung

Wenn ich mit dankbarem Herzen
zu dir bete, mein Gott,
spüre ich schon bald eine Veränderung in mir:
Nicht immer mehr haben wollen ist wichtig,
nicht noch mehr darstellen will ich,
sondern mich freuen über dich
und alles, was du möglich machst.

Wenn ich von Dankbarkeit erfüllt bin,
weil ich mich satt essen kann,
dann führst du mich bald
einen wichtigen Schritt weiter:
Du öffnest meine Augen für die Menschen,
die verzweifelt auf ein Stück Brot hoffen,
auf Hilfe und Gerechtigkeit.
Das machst du möglich.

Wenn ich danke, himmlischer Vater,
dass ich dir von Herzen vertrauen kann,
dann zeigst du mir
meine wichtigste Aufgabe:
Auch für die, die kein Vertrauen haben,
darf ich Bote deiner Liebe sein.

Vater unser

Vater unser
    Vater aller Menschen,
    der guten und der bösen,
    meiner Freunde und meiner Feinde

im Himmel,
    Gottes Wirklichkeit,
    unendlich groß und weit,
    so fern und ganz nah

geheiligt werde dein Name.
    Dein Name, den wir stolz
    vor uns her tragen,
    für unsere Zwecke gebrauchen
    oder gedankenlos benutzen

Dein Reich komme.
    Nicht unser eigenes Reich,
    nicht das Werk unserer Hände,
    nicht eine Insel der Glückseligen

Dein Wille geschehe,
wie im Himmel, so auf Erden.
Nicht unser eigener Wille,
nicht was wir
für richtig und gut halten,
nicht, was einzelne
oder die Massen wollen

Unser tägliches Brot gib uns heute.
Lass uns, was wir zum Leben brauchen,
dankbar aus deiner Hand nehmen,
verantwortlich damit umgehen,
geschwisterlich teilen

Und vergib uns unsere Schuld,
Die Schuld, die wir vor dir bekennen,
und die, die wir gar nicht sehen,
weil wir selbstgerecht
und verblendet sind
und Liebe nur für uns
und unsere Freunde gelten lassen

wie auch wir vergeben unseren Schuldigern.
Denen, die uns um Verzeihung bitten
und denen, die sich
nie einer Schuld bewusst sind

Und führe uns nicht in Versuchung,
sondern erlöse uns von dem Bösen.
In die Versuchung zu meinen,
dass es reicht, richtig zu beten
und richtig zu glauben,
statt zu lieben und zu handeln

Denn dein ist das Reich und die Kraft
und die Herrlichkeit in Ewigkeit.
Du kannst möglich machen,
was uns unmöglich ist,
du kannst Liebe schenken,
wenn wir lieblos handeln,
du kannst Leben schaffen,
wenn wir am Ende sind

Amen.

Fest verwurzelt

Gesegnet ist der Mensch,
der sich auf den Herrn verlässt
und auf den Herrn hofft.
Der ist wie ein Baum,
am Wasser gepflanzt,
der seine Wurzeln zum Bach hin streckt.
Aus Jeremia 17

Mein Glaube ist klein

Danke, himmlischer Vater,
für deine Treue und Liebe.
Niemals würdest du mich abweisen.
Ich weiß, dass mein Glaube
höchst unbeständig ist.
Ich kenne Zweifel und Vorbehalte,
und oft meine ich,
es gehe auch ohne dich ganz gut.
Ich habe erlebt,
dass meine Beziehung zu dir
Gewohnheit geworden ist,
eine Selbstverständlichkeit, eine Last.
Die Freude an dir wurde
von tausend anderen Dingen erdrückt.
Aber ich habe auch erlebt,
dass diese Freude mich neu ergriff
und dass du mir wieder ganz wichtig wurdest.
Ich habe erlebt,
dass du mich durch Krisen begleitet
und mir in ausweglosen Situationen
einen Ausweg eröffnet hast.
Danke, dass du treu bist,
auch wenn mein Glaube klein ist.
Danke, dass ich beten und hoffen darf,
dass mein Glaube wächst.

Gott kennt mich ganz genau

Herr, du hast mich erforscht und du kennst mich.
Ob ich sitze oder stehe, du weißt von mir.
Von fern erkennst du meine Gedanken.
Ob ich gehe oder ruhe, es ist dir bekannt;
du bist vertraut mit all meinen Wegen.
Noch liegt mir das Wort nicht auf der Zunge –
du, Herr, kennst es bereits.
Du umschließt mich von allen Seiten
und legst deine Hand auf mich.
Zu wunderbar ist für mich dieses Wissen,
zu hoch, ich kann es nicht begreifen.

Wohin könnte ich fliehen vor deinem Geist,
wohin mich vor deinem Angesicht flüchten?
Steige ich hinauf in den Himmel, so bist du dort;
bette ich mich in der Unterwelt, bist du zugegen.
Nehme ich die Flügel des Morgenrots
und lasse mich nieder am äußersten Meer,
auch dort wird deine Hand mich ergreifen
und deine Rechte mich fassen.
Würde ich sagen:

«Finsternis soll mich bedecken,
statt Licht soll Nacht mich umgeben»,
auch die Finsternis wäre für dich nicht finster,
die Nacht würde leuchten wie der Tag,
die Finsternis wäre wie Licht.
Denn du hast mein Inneres geschaffen,
mich gewoben im Schoß meiner Mutter.
Ich danke dir,
dass du mich so wunderbar gestaltet hast.
Ich weiß: Staunenswert sind deine Werke.
Deine Augen sahen, wie ich entstand,
in deinem Buch war schon alles verzeichnet;
meine Tage waren schon gebildet,
als noch keiner von ihnen da war.
Wie schwierig sind für mich, o Gott,
deine Gedanken,
wie gewaltig ist ihre Zahl!
Wollte ich sie zählen,
es wären mehr als der Sand.
Käme ich bis zum Ende,
wäre ich noch immer bei dir.

Aus Psalm 139

Gott ist bei dir

Gott ist bei dir,
wie der Boden, der dich trägt.

Gott ist bei dir,
wie die Luft, die du atmest.

Gott ist bei dir,
wie das Brot, das dich stärkt.

Gott ist bei dir,
wie das Wasser, das dich erfrischt.

Gott ist bei dir,
wie das Haus, das dich schützt.

Gott ist bei dir,
wie die Sonne, die deinen Tag hell macht.

Immer wieder

Lebendiger Gott,
schon einmal hast du mir,
ganz am Anfang,
Leben eingehaucht.
Deinen Atem, deinen Geist
gabst du mir mit auf den Weg.

Vielleicht hauchst du noch einmal.
Das wird mir gut tun.
Meine Seele braucht deinen Atem,
um lebendig zu sein.
Noch einmal und immer wieder,
du, lebendiger Gott.

Der gute Gott
begleite dich
auf allen deinen Wegen
und helfe dir
bei deinen Aufgaben.

In Krankheit

Abgeschnitten von der Welt

Ein Bett, ein Zimmer,
alles andere ist jetzt weit weg.
Das Leben draußen geht an mir vorbei.
Meine Welt ist klein geworden.

Ein Bett, in dem ich grüble
und schwitze und friere,
in dem sich die Zeit unendlich dehnt
und mir zugleich
zwischen den Fingern zerrinnt.

Was bin ich noch,
abgeschnitten von der Welt um mich
und dem Wechsel von Arbeit und Ruhe,
von Hinausgehen und Zurückkehren?

Ach Gott,
lass meine verstörte Seele
bei dir Geborgenheit finden!
Gib mir mit meiner kleinen Welt
eine Vorstellung von deiner
unendlichen Wirklichkeit!
Und lass meine Zeit
in deinen Händen ruhen!

Von dir lernen

Was gestern noch wichtig war,
ist heute weit weg.
Was groß war in meinen Augen,
ist jetzt völlig bedeutungslos.
Meine Maßstäbe haben sich verändert.
Mein Inneres ist nach außen gekommen,
und das Äußere ist unwichtig.
Mein Wunsch, Gott, ist der:
Ich möchte gesund werden.
Aber anders als vorher.
Ich wünsche mir eine neue Gesundheit,
innerlich wie äußerlich,
im Denken wie im Handeln.
Ich möchte von dir lernen,
was gesund ist in diesem Leben.
Schenk mir Augen für wirkliche Größe
und für Werte,
die auch im Augenblick der Krankheit
Bestand haben.

Mensch werden

Ich habe immer gut funktioniert.
Ich war leistungsfähig und zuverlässig.
Ich habe gearbeitet,
oft bis zur Erschöpfung.
Ich habe geholfen, wo es möglich war.
Ich konnte nur selten Nein sagen.
Jetzt wurde Nein zu mir gesagt.
War es mein Körper, der Nein sagte,
mein Unterbewusstsein, meine Seele,
war es Gott?
Vielleicht lerne ich daraus.
Mein Körper ist keine Maschine.
Es geht nicht darum,
stets reibungslos zu funktionieren.
Es geht darum, Mensch zu sein
oder zu werden.
Es geht darum, meine Würde zu finden,
die unabhängig ist von Leistung
und Funktionieren.
Wie gut, dass du, Gott, mir dabei hilfst!

Meine Krankheit akzeptieren

Ich habe keine Zeit,
krank zu sein.
Ich bin nicht darauf vorbereitet.
Mir ist, als wenn das Leben
in diesen Wochen an mir vorbeiginge.

Gott,
lass mich meine Krankheit akzeptieren,
um wieder gesund zu werden.
Lass mich zur Ruhe kommen
und bei dir Ruhe finden.
Lass mich hören,
tief in mich hinein.
Lass mich lernen,
was Gesundheit wert ist
und wie sie zu erhalten ist.

Du, mein Gott,
beugst dich zu mir,
hältst deine Hand über mich
und heilst meine Seele.

Worte am Krankenbett

Sie reden mit mir,
sie können nicht schweigen!
Sie reden zu mir,
aber sie sagen nichts.

Sie reden mit mir,
und die Worte sind hohl,
sie reden und reden,
weil sie Angst davor haben,
etwas sagen zu müssen.

Wie oft, mein Gott,
wolltest du mir etwas sagen,
und ich wollte dich nicht hören.
Deine Worte sind Leben.

Jetzt sprich du zu mir,
lebendige Worte,
Worte des Lebens,
Worte der Wahrheit
über das Leben,
über mein Leben,
über mich.

Ich bin unzufrieden

Ich bin ungeduldig in meiner Krankheit,
manches Mal ungerecht und unfreundlich.
Dabei hätte ich allen Grund dankbar zu sein,
Gott, himmlischer Vater,
dankbar für die Schwestern und Pfleger,
die unermüdlich für uns Kranke da sind.
Sie versuchen zu lächeln
oder ein freundliches Wort zu sagen,
auch wenn sie müde und überarbeitet sind.
Ich danke dir für die Ärztinnen und Ärzte,
die alles tun für meine Gesundheit.
Ich danke dir für die vielen,
die es möglich machen,
dass ich den ganzen Tag umsorgt bin.
Ich danke dir für Medizin und Geräte.
Ich danke für die Besucher,
die mir zeigen, dass ich ihnen fehle
und dass ich ihnen wichtig bin.

Auch wenn ich ungeduldig bin
und mit manchem nicht zufrieden –
ich danke dir von ganzem Herzen.

Der Herr ist mein Hirte,
nichts wird mir fehlen.
Er lässt mich lagern auf grünen Auen
und führt mich zum Ruheplatz am Wasser.
Er stillt mein Verlangen;
er leitet mich auf rechten Pfaden,
treu seinem Namen.

Psalm 23,1–3

In dunklen Zeiten

Dunkle Wolken

Ich würde mich am liebsten verkriechen.
Zu groß sind die Sorgen,
zu stark sind die Schmerzen,
wie weggeblasen ist meine Lebensfreude.
Ich ziehe mich zurück
und finde doch keine Ruhe.
Ich will allein sein
und spüre keinen Frieden in mir.
Wohin kann ich fliehen,
wenn ich nicht weiterweiß?

Meine Zuflucht bist du, mein Gott.
Bei dir kann ich meine Lasten ablegen
und mich ausweinen,
bei dir kann ich alles loslassen.
Bei dir darf ich sein, wie ich bin.
Du lässt mich nicht allein mit meinen Sorgen.
Lass mich nicht verzweifeln
in meinen Schmerzen,
und schenk mir neue Freude!
Ich will darauf vertrauen,
dass dein Friede mich erfüllt.

In Angst und Dunkelheit

Wenn ich falle, mein Gott,
dann in deine Hände.
Wenn ich schwach bin,
dann sei du meine Stärke.
Wenn ich am Ende bin,
dann lass mich neu anfangen.

Voller Zuversicht

Du bist das Licht, Jesus –
so bete ich zu dir voller Zuversicht
und hoffe, dass dein Licht mich durchströmt
und meine Seele zu leuchten beginnt.

Du bist das Leben, Jesus –
so bete ich zu dir voller Zuversicht
und hoffe, dass ich durch deine Gegenwart
frei und lebendig werde.

Du bist die Liebe, Jesus –
so bete ich zu dir voller Zuversicht
und hoffe, dass ich erfüllt werde
von deiner Liebe.

Was ist von mir geblieben?

Gott –
was ist von mir geblieben?
Mein Stolz,
meine Sicherheit,
sie sind weit weg.
Meine Zukunftspläne,
meine Träume,
sie schmecken bitter
und verschwimmen in meinen Tränen.

Du hast doch damals,
als Jesus unter uns lebte,
dich herabgebeugt
zu den Hoffnungslosen,
zu denen, die nicht mehr
zu träumen wagten.
Du hast sie geheilt,
innerlich und äußerlich,
du hast sie besucht
und ihnen die Füße gewaschen.

Meine Hoffnung bist du.
Mein Heil erwarte ich von dir.
Meine Zukunft –
du weißt es.

Angst

Angst –
vor dem Leben,
dass es mir entgleitet,
dass es zu schnell ist,
dass es zu schwer ist,
dass ich es verfehle.

Angst –
vor den Menschen,
dass sie mir zu nahe kommen,
dass sie sich von mir zurückziehen,
dass sie über mich lachen,
dass sie über mich weinen und trauern.

Angst –
vor der Krankheit,
vor der Schwäche,
vor der Hilfsbedürftigkeit,
vor dem Sterben,
vor der Sinnlosigkeit,
vor dem Nichts.

Angst –
mein Gott,
bei dir abgeladen,
von meinen Schultern,
meinem Kopf,
meinem Herzen,
meiner Seele.

Angst –
mein Gott,
dir in die Hände,
dir auf dein Herz,
dir auf dein Kreuz gelegt.

Angst –
mein Gott,
verwandelt,
von dir verwandelt,
langsam,
weil ich zögere
und ungern abgebe
und loslasse,
langsam verwandelt
in Hoffnung und Freude.

Abgelehnt!

Zurückgestoßen,
übergangen,
abgelehnt,
warum –
bin ich weniger wert als andere?

Ich sitze da und grüble.
Sind die anderen besser als ich?
Bin ich zu verkrampft?
Bin ich ein Versager?
Ich mag mich nicht,
ich mag keine Verlierer!

Jesus,
du hast niemanden zurückgestoßen,
und wer von allen übergangen wurde,
den hast du aufgenommen.
Du weißt selbst, wie es ist,
von den Menschen abgelehnt zu werden,
und sagst zu niemandem Nein,
der zu dir kommt.

Jesus, da bin ich.
Zeigst du mir neu
meinen Wert als Mensch?

Ich komme zu dir

Jesus,
so viele Menschen kamen damals zu dir.
Verzweifelte,
Ausgestoßene,
Einsame,
Kranke.
Du nahmst dir Zeit für sie,
du warst für sie da,
du hörtest ihnen zu,
du zeigtest ihnen ihren besonderen Wert
als Kinder Gottes,
du hast sie geheilt,
du hast sie gesegnet.

So komme auch ich jetzt zu dir.
Ich gebe meine Lasten bei dir ab,
meine Sorgen,
mein Leiden,
meine Verzweiflung,
meine Krankheit.
Ich bin sicher,
dass du mitträgst
und heilst
und segnest.

Nah und fern

Manchmal war ich sicher,
dass du mir nah bist,
und oft hatte ich den Eindruck,
du bist unendlich fern.
Wenn ich meinte,
den sicheren Weg gefunden zu haben,
um deine Nähe zu spüren,
dann warst du wie weggeblasen
aus meinem Leben.
Wenn ich meinte,
allein stark zu sein,
entfernte ich mich immer weiter von dir.
Aber wenn ich verzweifelt war,
dann spürte ich deine Nähe
und deinen lebendigen Atem.

Jetzt stehe ich vor dir,
unfähig, den Weg zu dir zu gehen.
Ich stehe vor dir, hilflos –
und deiner Liebe sicher.

Einsamkeit

Die Einsamkeit
verdunkelt meine Tage,
sie nagt an mir
in der Nacht,
sie vernebelt meine Gedanken.
Gott, lass du mich nicht allein
und heile meine einsame Seele.

Ich habe längst aufgehört,
Pläne zu machen,
und hoffe doch ständig,
dass die Einsamkeit
ein Ende haben wird.
Gott, zeig mir einen Ausweg
aus meiner Einsamkeit!

Ich bin wie eine einsame Insel,
die umgeben ist
vom endlosen, stürmischen Meer.
Gott, du umgibst mich auch jetzt,
nimm mir meine Angst
und schenk mir Vertrauen in das Leben.

Gottes Segen

Gott,
um deine Nähe bitte ich.
Dabei bist du mir doch
in jedem Augenblick nah.

Um deine Liebe bitte ich.
Dabei schenkst du sie mir doch
jeden Tag neu.

Um dein Licht bitte ich.
Dabei umgibt mich dein Licht
bei Tag und Nacht.

Um deinen Segen bitte ich.
Dabei hältst du doch deine Hand
auch jetzt über mir.
So gehe ich meinen Weg
mit deinem Segen.

Dir neu begegnen

Wie soll ich akzeptieren,
dass gerade das, Herr,
dein Wille ist?
Wie soll ich Ja sagen
zu dem, was passiert ist?
Ich habe zu dir gebetet,
habe gebettelt und gefleht,
doch du hast nicht geholfen.
Dein Wille geschehe,
das sagt sich so leicht,
wenn dein Wille verständlich ist
oder wenn die Konsequenzen
mich nicht treffen.
Herr, wenn ich das schon nicht verstehe
und ohnmächtig und fassungslos dastehe,
dann lass mich doch in meinem Leid
dir neu begegnen.
Hilf, dass meine Beziehung zu dir
eine neue Dimension gewinnt.
In guten Zeiten bei dir geborgen,
das kann nur der Anfang sein.
In schlechten Zeiten, im Leid,
bei dir Geborgenheit finden,
das erst gibt meinem Glauben
Tiefe und Vertrauen auf Dauer.

In meiner Trauer

Wir verstanden uns so gut.
Wir waren so vertraut miteinander.
Der Tod trat zwischen uns.
Aber wir gehören doch zusammen!

Jetzt bin ich allein mit meiner Trauer,
mit meiner ganzen Ohnmacht,
inmitten aller Erinnerungen.
Werde ich fliehen
in die erfüllte Vergangenheit?
Werde ich fliehen vor dem Leben,
weil sich der Tod als stärker erwiesen hat?

Jesus, begleite mich
bei meinen vorsichtigen Schritten
von der Trauer und Ohnmacht
zurück zum Leben!
Lass mich die Angst vor dem Tod verlieren
und die Angst vor dem Leben!

Das und noch viel mehr

Nach dunklen Regentagen
weckt dich heller Sonnenschein,
nach bösen Worten reicht ihr euch die Hand,
nach tausend Tränen weißt du endlich,
du bist nicht allein,
nach langer Suche siehst du wieder Land.
Das und noch viel mehr,
das hoffe ich, das hoffe ich für dich.

Du willst für immer schweigen
und öffnest deinen Mund,
du hast verloren und gewinnst das Spiel.
Das Leben, das so grau erschien,
ist heute wieder bunt,
der Nebel legt sich, vor dir liegt ein Ziel.
Das und noch viel mehr,
das hoffe ich, das hoffe ich für dich.

Am Ende ganz am Anfang,
verzweifelt voller Mut,
Vertrauen stirbt, bevor es neu beginnt.
Der Sturm reißt an den Wurzeln,
entfacht die alte Glut,
vom Baum gefallen, tanzt ein Blatt im Wind.
Das und noch viel mehr,
das hoffe ich, das hoffe ich für dich.

Gott schenke mir die Gelassenheit,
Dinge hinzunehmen,
die ich nicht ändern kann,
den Mut, Dinge zu ändern,
die in meiner Macht stehen,
und die Klugheit,
beides voneinander zu unterscheiden.

Friedrich Christoph Oetinger

Nicht allein auf der Welt

Zur Ehe

Gott segne eure Ehe,
er sei bei euch
in guten und schweren Tagen,
er halte seine Hand über euch,
er mache es möglich,
dass ihr euch gegenseitig
mit den Augen der Liebe seht
und euch immer wieder
gegenseitig neu entdeckt.
Gott lasse eure Liebe wachsen und reifen.
Er halte euch in Bewegung,
damit ihr niemals still steht
auf eurem gemeinsamen Weg,
er zeige euch Auswege bei Schwierigkeiten
und gebe euch Mut, auch neu anzufangen.
Gott lasse euch zum Segen werden für andere,
für Kinder, Freunde, Nachbarn.
Das alles schenke euch der allmächtige Gott.

Zur Geburt

Gott segne dieses Kind
und seine Eltern.

Nehmt das Geschenk des neuen Lebens
dankbar aus Gottes Hand.
Dieses Kind ist euch anvertraut.
Gott gebe euch Liebe,
Verständnis und Weisheit,
um dem Kind gute Begleiter zu sein
und es auf die Möglichkeiten und Gefahren
dieses Lebens vorzubereiten.

Gott schenke dem Kind,
dass es gute Wege geht,
die zum Leben führen,
und dass es wieder aufsteht,
wenn es unterwegs einmal fällt.

Danke für die Kinder

Jedes Kind bedeutet eine Hoffnung für die Welt.
Danke für die Kinder.
Danke für das Vertrauen,
mit dem sie ihre Eltern beschenken.
Danke für die Ehrlichkeit,
mit der sie uns oft beschämen.
Danke für ihre Lebensfreude,
die uns so oft ansteckt.

Danke, Jesus,
dass du selbst ein Kind geworden bist,
Hoffnung für die Welt,
nicht nur damals,
sondern für viele Menschen auch heute.

Danke, dass du die Kinder liebst.
Du willst, dass sie heil sind,
auch die misshandelten,
die erniedrigten und verkrümmten,
die hungernden und die chancenlosen.
Du willst, dass wir uns
mit heillosen Zuständen nicht abfinden.
Du willst uns zu Werkzeugen
deiner Liebe machen.
Begleite uns dabei, uns, deine Kinder!

Menschen an meiner Seite

Gott, ich danke dir für die Menschen,
die du an meine Seite gestellt hast,
Eltern, Kinder und Ehepartner,
Verwandte, Freunde und Nachbarn,
Frauen und Männer,
mit denen ich zusammen arbeite,
mit denen ich durch die Gemeinde,
die Kinder, die Freizeit, die Politik,
eine Krankheit oder eine Aufgabe
verbunden bin.
Ich danke dir, dass sie alle
von dir geliebt sind, du Gott der Liebe,
dass sie in deinen Augen
unendlich kostbar und wertvoll sind.
Ich danke dir für ihre Liebe und Freundschaft,
ihren Einsatz und ihren guten Willen.
Ich danke dir für ihre wohlwollende Kritik an mir,
für manche Skepsis gegenüber meinen Gedanken
und meinen gut gemeinten Vorschlägen.
Ich danke dir auch für die Menschen,
die mich mit ihrer Ablehnung
und Gegnerschaft herausfordern.
Sie helfen mir, mein Handeln und Denken
zu überprüfen und zu lernen,
allen Menschen in Achtung zu begegnen.

Lieben ohne festzuhalten

Du Gott der Liebe,
ich will so gern lieben ohne festzuhalten.
Ich will vertrauen ohne zu kontrollieren.
Ich will helfen ohne abhängig zu machen.
Ich will schenken ohne zu verpflichten.
Ich will verzeihen ohne zu beschämen.
Wie gut, dass du mir dabei hilfst!

Segne diesen Besuch

Gott,
ein Mensch, den ich sehr gern habe,
ist in großen Schwierigkeiten.
Er bat mich um einen Besuch,
und ich freue mich über sein Vertrauen.
Aber gleichzeitig drückt mich die Verantwortung,
die damit zusammenhängt.

Bitte segne diesen Besuch
und unser Gespräch.
Lass mich intensiv hören
und nicht gleich mit fertigen Antworten kommen.
Hilf mir, die Situation zu verstehen
und die Probleme zu erkennen.
Schenk mir Geduld und Liebe und Weisheit.

Gott, ich danke dir,
dass du diesen Menschen liebst.
Danke, dass du ihn bis hierher geführt hast.
Du willst, dass sein Leben heil ist.
Ich rechne fest mit deiner Liebe
und deiner heilenden Nähe.

Eine schwere Entscheidung

Eine schwere Entscheidung steht mir bevor.
Ich mag gar nicht daran denken
und denke doch an nichts anderes.
Ich suche verzweifelt nach guten Argumenten
und dem richtigen Weg.
Meine Gedanken drehen sich im Kreis.

Himmlischer Vater,
mein Blick ist sehr begrenzt.
Wonach soll ich mich entscheiden?
Jedes Ja ist zugleich ein Nein.
Wenn ich einen Weg wähle,
kann ich nicht zugleich einen anderen gehen.
Ich habe Angst, mich zu entscheiden.

Hilf, dass ich mich nicht
vor der Entscheidung drücke.
Das wäre die schlechteste Entscheidung.
Gib mir klare Gedanken,
Mut und Weisheit,
und lass mich dann dazu stehen.
Segne mich und alle,
die davon betroffen sind.

Ein Blick in die Zeitung

Ein Blick in die Tageszeitung reicht,
um mir zu zeigen,
dass die Welt nicht in Ordnung ist.

Ich lese von menschlichen Tragödien,
von Schicksalen und Trennungen,
Unfall, Konkurs, Kündigung.
Ein Ehepaar ging gemeinsam in den Tod.
Ein Tourist wurde spät abends überfallen.
Ich lese von Kriegsgefahr im Osten
und von Hungersnot im Süden,
von einem Flugzeugunglück in Amerika
und einem Unwetter in Asien.
Ich lese, dass die Erde bebt
und die Verhandlungen abgebrochen wurden.
Das alles möchte ich vor dich bringen.
Wenn du der Gott aller Menschen bist,
dann hilf und tröste und lindere Not,
dann sei Opfern und Tätern nah,
Hungernden und Satten,
Glücklichen und Verzweifelten.
Dann lass Menschen, mich und andere,
ihre Verantwortung erkennen und wahrnehmen.

Eine besondere Nähe

Danke, Gott der Vergebung,
dass ich mich an Augenblicke erinnere,
in denen ich völlig versagt habe.
Nur so kann ich Menschen verstehen,
die mit ihrer Schuld nicht fertig werden.

Danke, Gott des Trostes,
dass es Zeiten in meinem Leben gab,
in denen die Traurigkeit mir allen Mut nahm.
Wie sonst sollte ich Menschen trösten können,
die keinen Ausweg aus ihrer Trauer sehen?

Danke, Gott des Heils,
dass ich die Zeit meiner Krankheit
nicht vergessen habe.
Das schenkt mir eine besondere Nähe
zu den Menschen, die krank sind.

Danke, Gott der Liebe,
dass ich manches Mal
unter Einsamkeit gelitten habe.
So fühle ich mich denen verbunden,
denen ich in ihrer Einsamkeit begegne.

Danke, Jesus,
dass du selbst Zweifel,
Tod und Gottesferne erlitten hast.
So bist du allen nah,
die dich suchen und die dir vertrauen.

Liebe zur Schöpfung

Gott, was haben wir nur
aus deiner wunderbaren Erde gemacht!
Wir plündern sie aus,
nehmen ihr die Luft zum Atmen,
pumpen ihre Flüsse voll mit Gift
und betonieren ihre Oberfläche zu.
Ich bin entsetzt über die Zerstörung
deiner Schöpfung
und bin doch vielfältig daran beteiligt.
Ich verbrauche wichtige Rohstoffe,
ich verpeste die Luft mit meinem Auto,
ich vergifte die Flüsse und Meere
mit meinen Waschmitteln.

Ich brauche eine neue Einstellung
zu deiner Schöpfung,
ein neues Bewusstsein für unsere Umwelt.
Ich möchte neue Wege suchen,
verantwortlich mit dieser Welt umzugehen.
Bitte öffne mir und uns die Augen
und lass uns mutig für die Schöpfung eintreten.
Lass es für ein Umdenken noch nicht zu spät sein,
Gott, Schöpfer und Erhalter!

Gute Vorbilder

Es gibt nicht nur Menschen,
die ihren eigenen Vorteil
über alles andere stellen.
Es gibt nicht nur Politiker,
die käuflich sind.
Es gibt nicht nur
verantwortungslose Ausbeuter.
Gott, ich danke dir
für die zahllosen Frauen und Männer,
die zum Wohle anderer
auf ihren eigenen Vorteil verzichten,
die für unsere Umwelt bereit sind,
Opfer zu bringen,
für alle, die Fremden helfen,
sich bei uns zurechtzufinden
und wohlzufühlen,
die treu ihren Dienst am Nächsten tun,
für alle Politiker,
die sich bei ihren Aufgaben nicht
durch eigene Interessen leiten lassen,
sondern sich dem Gemeinwohl
verpflichtet wissen.
Gott, ich danke dir für die Menschen,
die anderen als gute Vorbilder dienen können,
weil sie deine Liebe leben.

Danken und Teilen

Ich darf mich jeden Tag satt essen.
Wenn ich es nicht tue,
mache ich gerade eine Diät.
Ich darf mir aussuchen, was ich esse,
Fleisch, oder lieber keins,
Vitamine, exotische Früchte,
süß, scharf, sauer –
das größte Problem beim Essen
ist die Qual der Wahl.

Gott, bitte lass diesen Luxus
für mich nicht selbstverständlich werden.
Lass es niemals geschehen,
dass ich mich an einen gedeckten Tisch setze
ohne das Gefühl der Dankbarkeit.

Lass mich aus dieser Dankbarkeit heraus
die Überzeugung gewinnen,
dass jeder Mensch die Möglichkeit haben muss,
sich satt zu essen,
und dass niemand auf dieser Welt verhungern darf.
Lass mich Dankbarkeit lernen
und dann mit dankbarem Herzen teilen.

Haussegen

Ich wünsche eurem Haus ein Licht,
das auch noch in der Nacht brennt.
Ich möchte in eurem Ofen ein Feuer unterhalten,
das auch in tiefster Kälte
noch viele Menschen und Herzen wärmt.
Ich möchte euch Blumen und Farben schenken,
die alle Vorübergehenden und alle Gäste erfreuen.
Ich wünsche euch eine Liebe,
die so groß ist, dass sie euer Haus sprengt
und nach draußen dringt.
Ich wünsche euch den Glauben,
der niemals aufhört
und hoffnungslosen Menschen Mut macht.
Ich wünsche euch auch
im größten Durcheinander und Lärm
tiefen Frieden und innere Ruhe.
Ich kann es auch mit anderen Worten sagen:
Ich wünsche diesem Haus Gottes Segen.

Gestern war ein Fremder
als Gast in meinem Haus.
Ich teilte mit ihm meine Speise,
ich füllte ihm den Becher zum Trinken,
ich spielte ihm ein Lied.
Und im Namen der Dreifaltigkeit
segnete mich der Fremde,
mich und meine Lieben,
mein Haus und mein Vieh.
Und über dem Dach
jubelte die Lerche:
Oft, oft, ja oft
kommt Christus durch unseren Ort
im Gewand eines Fremden.

Aus Irland

Verzeichnis der Gebete

Rainer Haak

Jahrgang 1947, ist verheiratet und lebt mit seiner Frau Angelika, Musikerin und Sängerin, und zwei Kindern als Schriftsteller in Lüneburg. Nach seinem Theologiestudium war er mehrere Jahre als Gemeinde- und Jugendpfarrer tätig und entwickelte ein ausgeprägtes Gespür für die Gedanken, Ängste und Hoffnungen der Menschen. Seit 1981 schreibt und veröffentlicht er Bücher und Songtexte, seit 1990 lebt er als freier Autor. Mit über 9 Millionen verkauften Büchern weltweit gilt er als einer der erfolgreichsten Buchautoren im deutschsprachigen Raum.

Informationen über Bücher
und Veranstaltungen von Rainer Haak
erhalten Sie im Internet unter:
www.rainerhaak.de

Den Internetblog von Rainer Haak finden Sie
unter *www.glaubenssplitter.com*

Bildnachweise:
© istockphoto.com: S. 4, 66/67
© photocase.de: S. 8/9 (hula), 16/17 (A_P), 26/27 (himberry), 38/39 (detailfein), 46/47 (mister QM), 54/55 (marun), 74/75 (Doc Storm), 91/92 (mm_jarts), 106/107 (daniel schoenen)
© Jürgen Müller: S. 111

Aktualisierte Neuausgabe
Die Erstausgabe erschien 2004
(Verlag Herder, Freiburg im Breisgau)

Gesamtgestaltung und Herstellung:
Weiß-Freiburg GmbH – Graphik & Buchgestaltung
Printed in Lithuania

www.bibelwerk-impuls.de
ISBN 978-3-460-27177-7